PIANO

Adventures® *de Nancy y Randall Faber*

EL MÉTODO BÁSICO PARA PIANO

E L E M E N T A L

Este libro pertenece a: _____

Traducido y editado por Isabel Otero Bowen
y Ana Cristina González Correa

Coordinador de producción: Jon Ophoff
Portada e ilustraciones: Terpstra Design, San Francisco
Grabado y tipografía: Dovetree Productions, Inc.

ISBN 978-1-61677-656-5

ÍNDICE

Haz un seguimiento de tu progreso: colorea o pega
una estrella al lado de cada pieza o ejercicio.

Acerca del Libro de técnica e interpretación

Visión general para padres y maestros

Para una buena **Técnica** en el piano no basta con tener dedos fuertes. Se necesita una coordinación sofisticada entre el cuerpo, los brazos, las muñecas y los dedos. A estos movimientos los llamamos "gestos técnicos".

En esta serie de libros preparamos en los niveles elementales el futuro aprendizaje de técnicas avanzadas a través de una cuidadosa presentación y secuenciación. Es importante presentar los gestos técnicos temprano, pues los malos hábitos son difíciles de remediar después de años de práctica.

En cada nivel de Piano Adventures® al estudiante se le revelan "secretos técnicos" apropiados, con el fin de promover la fluidez al tocar y prevenir los malos hábitos. Estos secretos son usados como calentamiento diario para los ejercicios a lo largo del libro. La combinación de rutinas de calentamiento, ejercicios y estudios asegura una práctica correcta y un uso inteligente de la repetición.

La **Interpretación** en el piano requiere un control técnico del tacto y el sonido. La meta de la interpretación es la expresividad artística y la técnica es el medio para adquirirla.

Los libros de técnica e interpretación de Piano Adventures® unen la técnica y la expresividad artística al incluir un estudio y una pieza de recital en cada unidad. Estas piezas son escritas especialmente para fomentar la expresividad en el teclado usando las técnicas específicas que están siendo aprendidas.

Una gran técnica se desarrolla mediante la repetición cuidadosa. La práctica eficiente incluye el entendimiento de las mecánicas de la técnica en el piano, para asegurarse de que las repeticiones se hagan de manera fluida y precisa. La práctica eficiente también requiere una cuidadosa atención auditiva. Por eso, siempre enseñamos con el oído enfocado en la meta artística.

Les deseamos éxito en el desarrollo de una técnica refinada y una gran expresividad artística.

¿Qué significa técnica?

La palabra **técnica** significa **habilidad**.

¿Qué **técnica** necesita tener un jugador de baloncesto?

¿Buen manejo del balón? ¿Saltos altos? ¿Tiros precisos?

¿Qué **técnica** necesita tener una bailarina?

¿Buen equilibrio? ¿Movimientos elegantes? ¿Excelente coordinación?

¿Qué **técnica** necesita tener un pianista?

¿Una postura correcta? ¿Dedos ágiles? ¿Muñecas flexibles?

Los ejercicios en este libro te ayudarán a desarrollar una buena técnica de piano.

Aprende estos cinco "secretos técnicos" con tu profesor y utilízalos antes de comenzar tu práctica diaria.

Cinco secretos para desarrollar una buena técnica en el piano

1. **El primer secreto es LA BUENA POSTURA.**

La postura perfecta

- Siéntate derecho en la parte delantera de la banca. Tu cuerpo debe estar frente a la parte **central** del teclado.

- Para comprobar que estás a una **distancia** apropiada del teclado, extiende los brazos hacia adelante con los puños relajados. **Tus nudillos deben tocar la parte frontal del piano.** Ajusta la banca si es necesario.

- Ahora pon las manos sobre las piernas y respira profundamente.

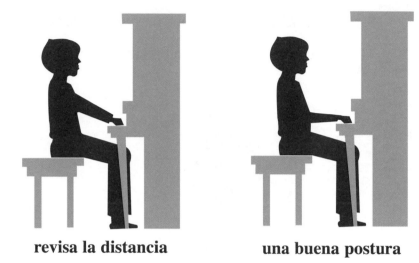

revisa la distancia   **una buena postura**

2. **El segundo secreto es LA POSICIÓN REDONDA DE LA MANO.**

Levanta el techo

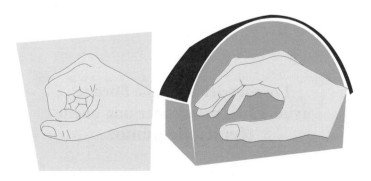

- Cierra la mano derecha (en adelante **M.D.**) formando un puño relajado.

- Abre los dedos l-e-n-t-a-m-e-n-t-e, como si tu mano fuera una casa y tus dedos estuvieran "levantando el techo". Tu muñeca se levantará levemente mientras las puntas de los dedos y el pulgar mantienen la "casa" en su lugar.

- Haz lo mismo con la mano izquierda (en adelante **M.I.**) y luego con ambas manos.

3. **El tercer secreto es MANTENER LAS PUNTAS DE LOS DEDOS FIRMES.**

Haz anteojos

- Haz "anteojos" con la M.D. tocando suavemente la punta del pulgar con la punta del dedo 2.

- Ahora haz lo mismo con los dedos: **1 y 3**, **1 y 4**, **1 y 5**.

- Repite el ejercicio con la M.I. y luego con ambas manos.

Busca una forma redonda.

4. **El cuarto secreto es USAR EL PESO DE LOS BRAZOS.**

Brazos de gorila

- Siéntate frente al piano y deja caer los brazos libremente desde los hombros. *¡Imagínate que tienes los brazos pesados de un gorila!*

- Levanta los brazos muy l-e-n-t-a-m-e-n-t-e, sintiendo su peso. Cuando tus manos estén a la altura del teclado, deja caer los brazos *totalmente relajados* sobre las piernas.

- Haz este ejercicio dos veces muy lentamente.

5. **El quinto secreto es LA POSICIÓN CORRECTA DEL PULGAR.**

Recuesta el pulgar

El pulgar debe tocar la tecla con el **lado de la uña**.

- Pon la mano derecha sobre las teclas blancas sin presionarlas y deja que el pulgar se **"recueste" sobre el lado de la uña**. Observa cómo los demás dedos descansan suavemente sobre las teclas.

- Haz lo mismo con la mano izquierda.

Nota para el profesor: la postura correcta del pulgar también impide que la muñeca baje demasiado.

Secreto técnico:

Mantener las puntas de los dedos firmes (página 7)

Calentamiento: *Haz anteojos* con la **M.I.**

1. Sobre la tapa cerrada del piano, toca la canción **manteniendo las puntas de los dedos firmes.** Di en voz alta los números de los dedos.

2. Luego, tócala *suavemente* en el grupo de 3 teclas negras **manteniendo las puntas de los dedos firmes**.

3. Repite la canción, esta vez con un *sonido medianamente fuerte.*

Con los dedos firmes
(para la M.I.)

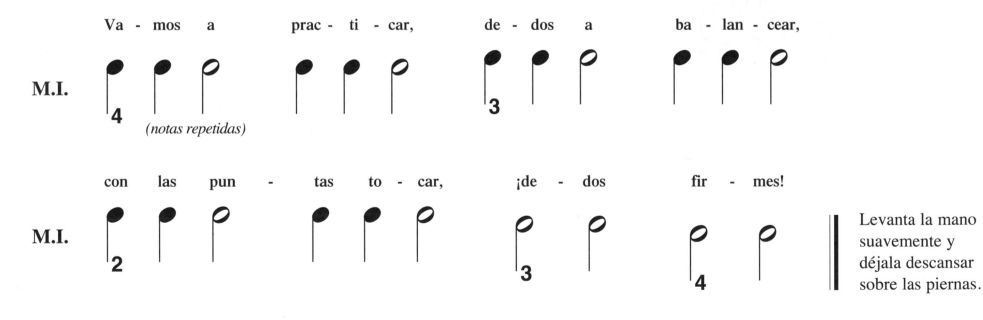

Va - mos a   prac - ti - car,   de - dos a   ba - lan - cear,

M.I.   4   *(notas repetidas)*   3

con   las   pun - tas   to - car,   ¡de - dos   fir - mes!

M.I.   2   3   4

Levanta la mano suavemente y déjala descansar sobre las piernas.

DESCUBRIMIENTO

¿Puedes tocar *Con los dedos firmes* **de memoria** en el grupo MÁS GRAVE de 3 teclas negras?

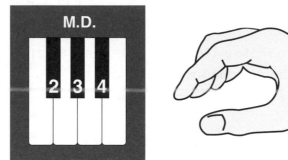

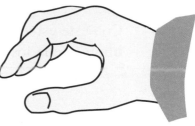

1. Sobre la tapa cerrada del piano, toca la canción **manteniendo las puntas de los dedos firmes.** Di en voz alta los números de los dedos.

2. Luego, tócala *suavemente* en el grupo de 3 teclas negras **manteniendo las puntas de los dedos firmes**.

3. Repite la canción, esta vez con un *sonido medianamente fuerte*.

Con los dedos firmes
(para la M.D.)

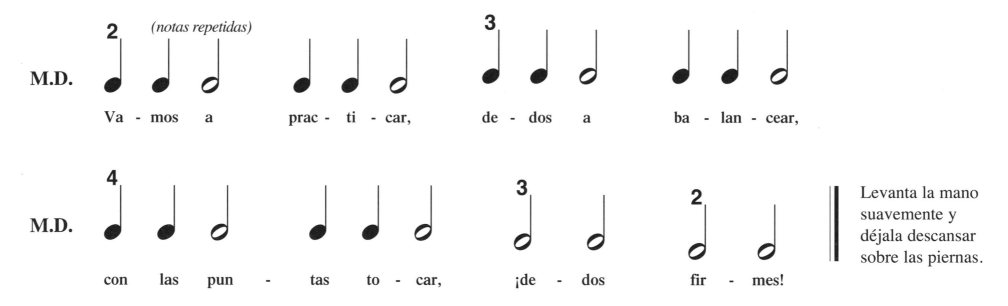

M.D.

2 *(notas repetidas)*

Va - mos a   prac - ti - car,   de - dos a   ba - lan - cear,

3

M.D.

4   con las pun - tas to - car,   ¡de - dos   fir - mes!   **3**   **2**

Levanta la mano suavemente y déjala descansar sobre las piernas.

DESCUBRIMIENTO

¿Puedes tocar *Con los dedos firmes* con ambas manos al mismo tiempo?

Un **estudio** es una pieza para practicar una habilidad específica.

Con este estudio practicas cómo alternar **blancas** con los dedos 2 y 4.

Encuentra las teclas

Mi primer estudio

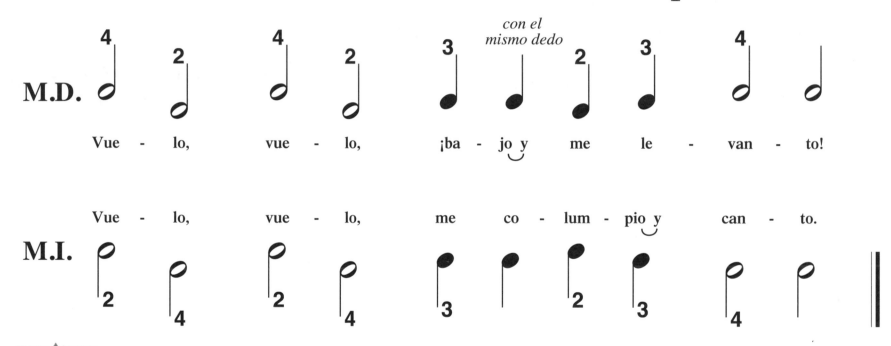

M.D.

| 4 | 2 | 4 | 2 | 3 | *con el mismo dedo* 2 | 3 | 4 |

Vue - lo, vue - lo, ¡ba - jo y me le - van - to!

Vue - lo, vue - lo, me co - lum - pio y can - to.

M.I.

DESCUBRIMIENTO ¿Estás sentado derecho, a la distancia correcta del teclado?

¿Tienes las manos en posición redonda? (consulta la página 6)

Acompañamiento para el profesor (el alumno toca en el *registro agudo*):

p con pedal

Con este estudio practicas:

1. cómo contar las redondas
2. cómo crear sonidos *forte* y *piano*

- Encierra en círculos los signos
  f y *p* que aparecen en la partitura.

Encuentra las teclas

└M.I.┘ └M.D.┘

La canción del pastorcito

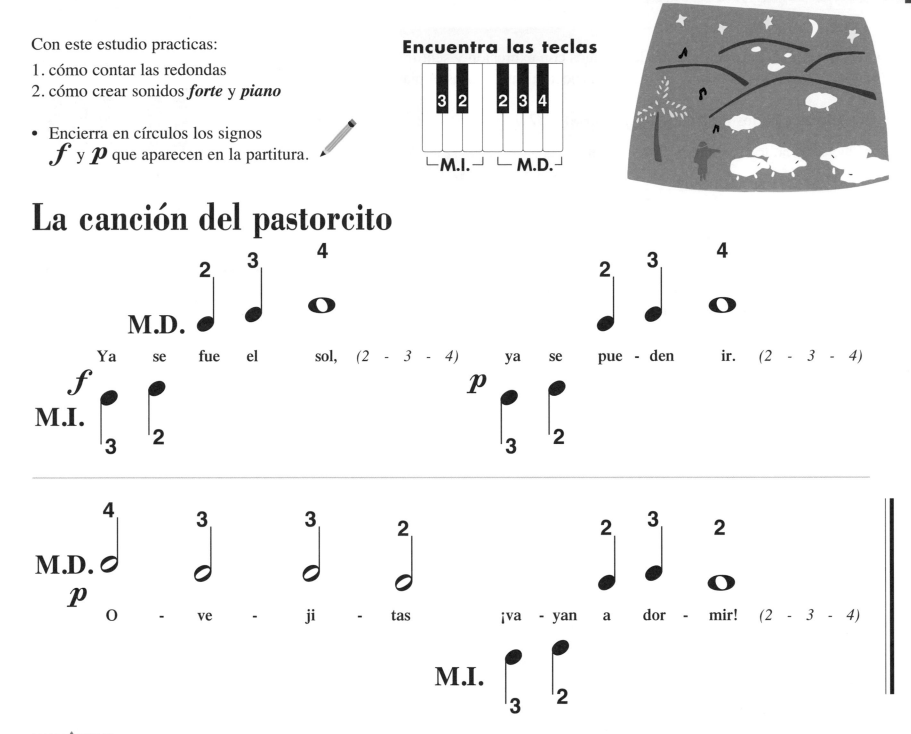

Ya se fue el sol, *(2 - 3 - 4)* ya se pue - den ir. *(2 - 3 - 4)*

O - ve - ji - tas ¡va - yan a dor - mir! *(2 - 3 - 4)*

DESCUBRIMIENTO Toca esta pieza mientras presionas el pedal derecho del piano (tu profesor también lo puede hacer por ti).
¿Dónde aparece un eco?

Lecciones y teoría, páginas 20-21 (El granjero/Old MacDonald)   11

La música es más hermosa cuando la tocamos con expresión y sentimiento. ¡Imagínate que estás pintando un cuadro musical mientras tocas el piano!

1. Encierra en círculos los signos de *f* *(forte)* y *p* *(piano)*.

2. Escucha cómo tocas sonidos *forte* y *piano*.

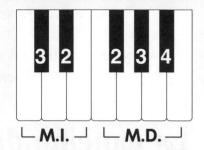

Brillan las estrellas

Presiona el pedal derecho mientras tocas la siguiente pieza (tu profesor también lo puede hacer por ti).

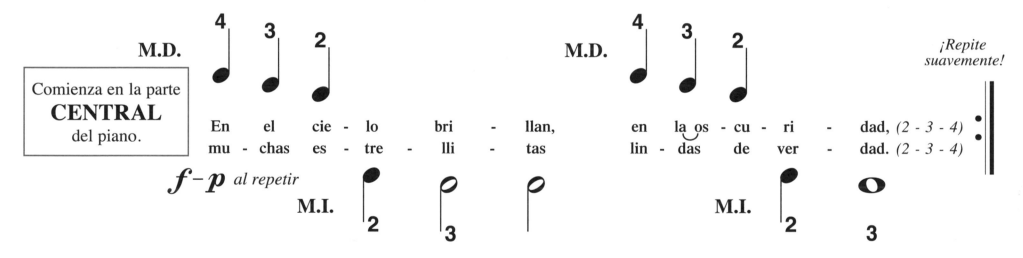

Comienza en la parte **CENTRAL** del piano.

En   el   cie - lo   bri - llan,   en   la os - cu - ri - dad, *(2 - 3 - 4)*
mu - chas   es - tre - lli - tas   lin - das   de   ver - dad. *(2 - 3 - 4)*

f - p al repetir

¡Repite suavemente!

Acompañamiento para el profesor (el alumno toca en el *registro agudo*):

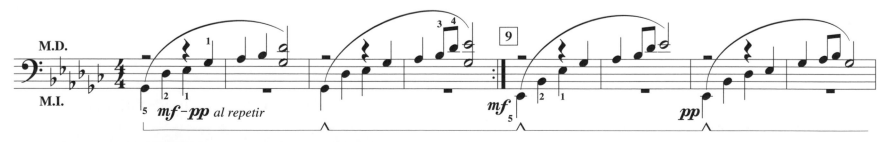

mf - pp al repetir

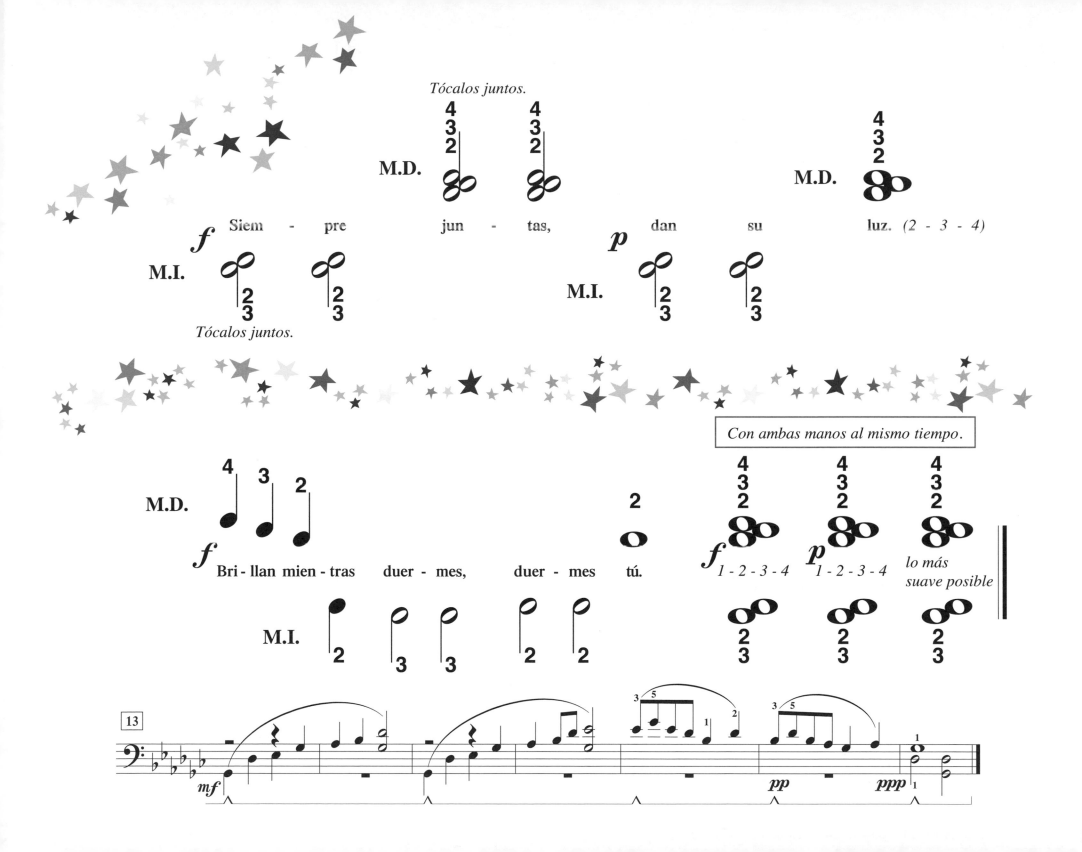

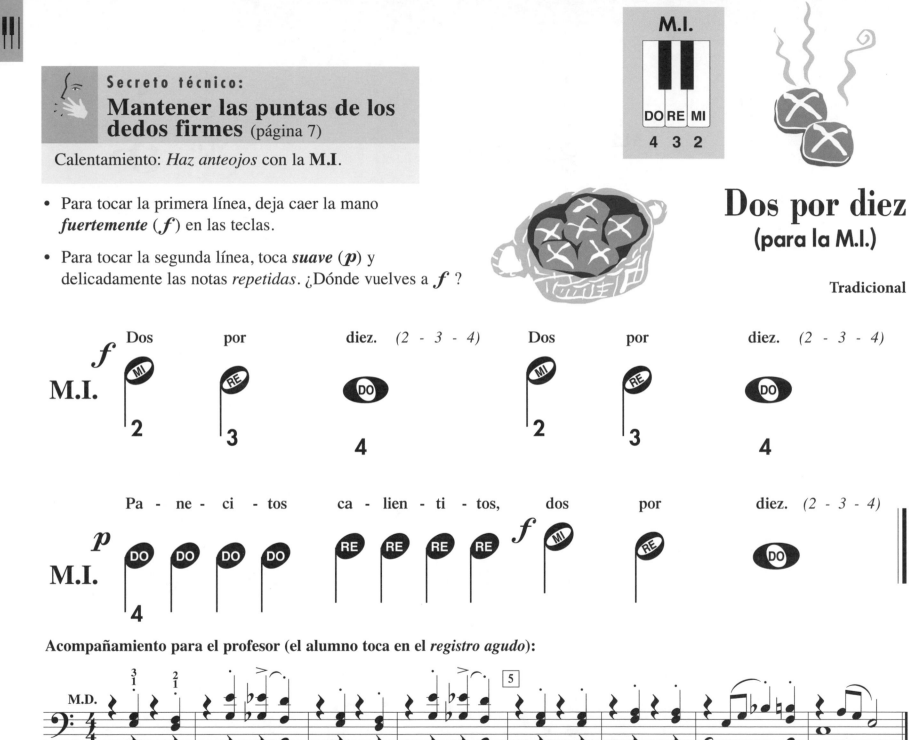

Secreto técnico:
Mantener las puntas de los dedos firmes (página 7)

Calentamiento: *Haz anteojos* con la **M.I.**

- Para tocar la primera línea, deja caer la mano
  fuertemente ($\boldsymbol{f}$) en las teclas.

- Para tocar la segunda línea, toca *suave* ($\boldsymbol{p}$) y
  delicadamente las notas *repetidas*. ¿Dónde vuelves a $\boldsymbol{f}$?

M.I.

Dos por diez
(para la M.I.)

Tradicional

Acompañamiento para el profesor (el alumno toca en el *registro agudo*):

📖 Lecciones y teoría, página 24 (Remando por el mar)

Secreto técnico:
Mantener las puntas de los dedos firmes (página 7)

Calentamiento: *Haz anteojos* con la **M.D.**

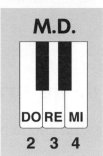

Dos por diez
(para la M.D.)

Tradicional

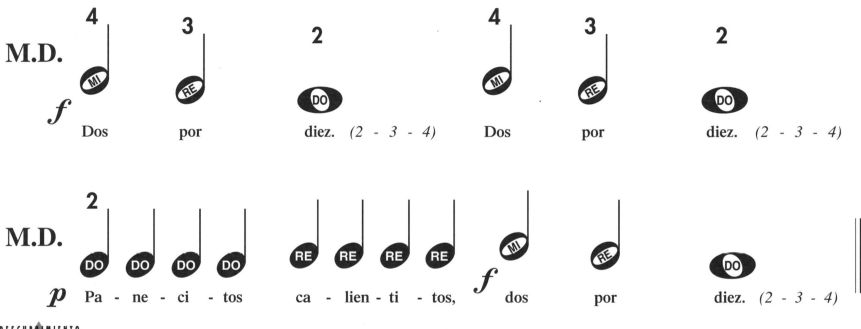

M.D.

4 MI **3** RE **2** DO
f
Dos   por   diez. *(2 - 3 - 4)*

4 MI **3** RE **2** DO
Dos   por   diez. *(2 - 3 - 4)*

M.D.

2 DO DO DO DO   RE RE RE RE   MI
p Pa - ne - ci - tos   ca - lien - ti - tos, *f* dos

RE   DO
por   diez. *(2 - 3 - 4)*

DESCUBRIMIENTO

¿Puedes tocar *Dos por diez* con ambas manos? Pista: decir los **nombres de las notas** en voz alta te ayudará.

Acompañamiento para el profesor (el alumno toca en el *registro agudo*):

Lecciones y teoría, página 24 (Remando por el mar)

Secreto técnico:
Usar el peso de los brazos (página 7)

Calentamiento: *Brazos de gorila* con la **M.I.**

1. Sostén con el pulgar el **dedo 3 de la M.I.**

2. Toca la primera línea solo con el dedo 3.

3. Repite el ejercicio con los **dedos 5 - 4 - 3 - 2 - 1** de la **M.I.** ¡Mantén las puntas de los dedos firmes!

El platillo volador
(para la M.I.)

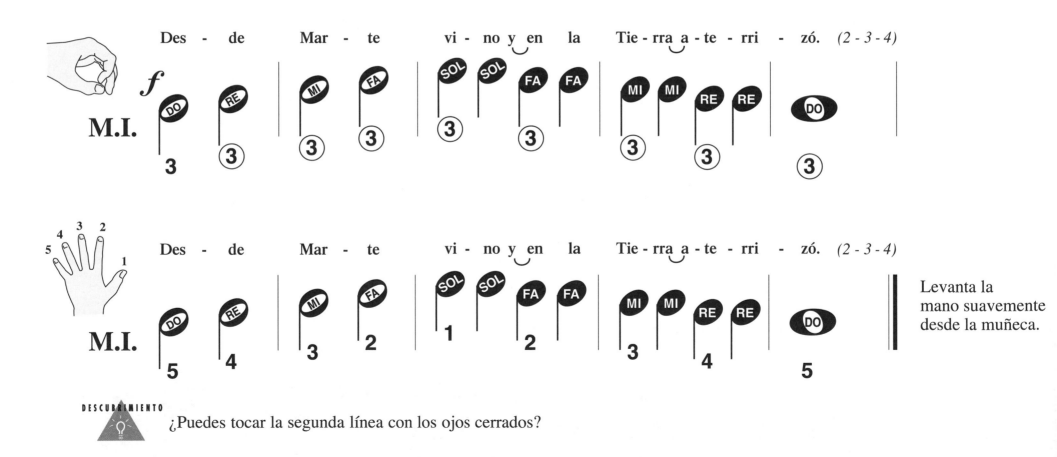

Levanta la mano suavemente desde la muñeca.

DESCUBRIMIENTO

¿Puedes tocar la segunda línea con los ojos cerrados?

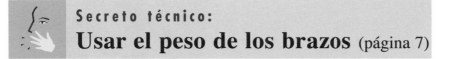

El platillo volador
(para la M.D.)

1. Sostén con el pulgar el **dedo 3 de la M.D.**

2. Toca la primera línea solo con el dedo 3.

3. Repite el ejercicio con los **dedos 1 - 2 - 3 - 4 - 5**
   de la **M.D.** ¡Mantén las puntas de los dedos firmes!

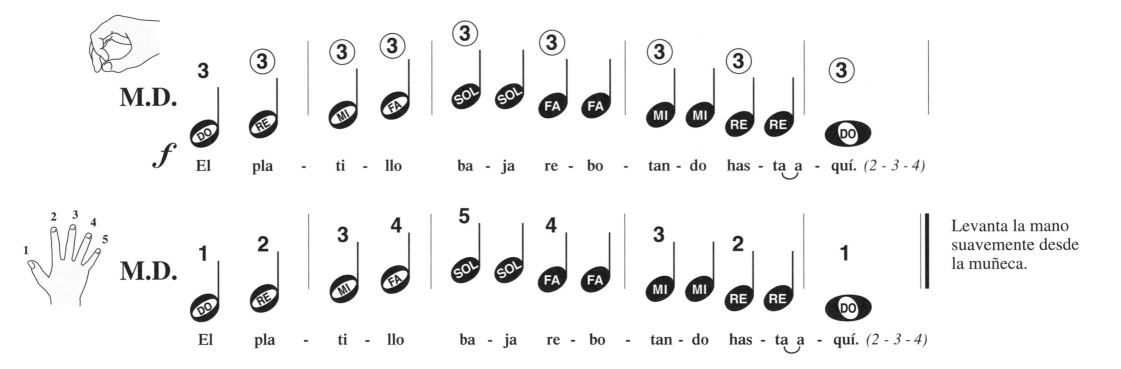

M.D.

f

El pla - ti - llo ba - ja re - bo - tan - do has - ta a - quí. *(2 - 3 - 4)*

M.D.

El pla - ti - llo ba - ja re - bo - tan - do has - ta a - quí. *(2 - 3 - 4)*

Levanta la mano suavemente desde la muñeca.

DESCUBRIMIENTO

¿Puedes tocar la segunda línea con ambas manos al mismo tiempo?

La posición correcta del pulgar (página 7)

Calentamiento: *Recuesta el pulgar* con la **M.D.**

Este ejercicio usa los 5 dedos en un **patrón musical** que
SUBE por el teclado.

1. Primero marca el ritmo. Siente los dos tiempos de cada blanca.

2. Empieza en la PARTE CENTRAL del piano, en la **escala de DO de 5 dedos**.

3. Empieza y termina cada patrón con el pulgar sobre el *lado de la uña*.

Algo acerca de Beethoven
(para la M.D.)

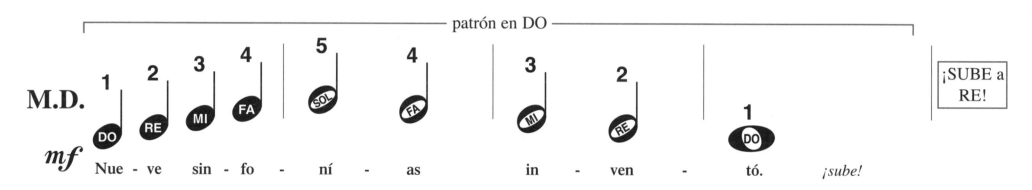

patrón en DO

¡SUBE a RE!

M.D.

mf   Nue - ve   sin - fo - ní - as   in - ven - tó.   *¡sube!*

Acompañamiento para el profesor:

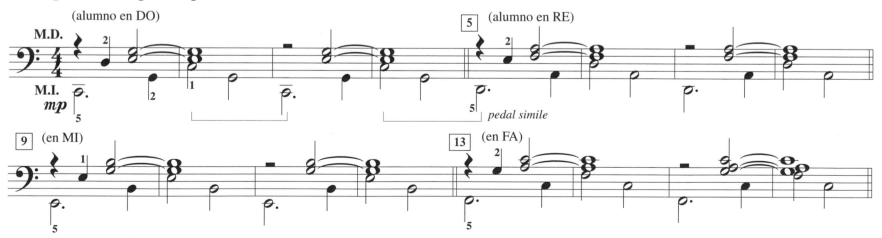

(alumno en DO)

5 (alumno en RE)

pedal simile

9 (en MI)

13 (en FA)

Lecciones y teoría, página 28 (Himno a la alegría)

Nota para el profesor: en este nivel no se le debe exigir al estudiante tocar *legato*.

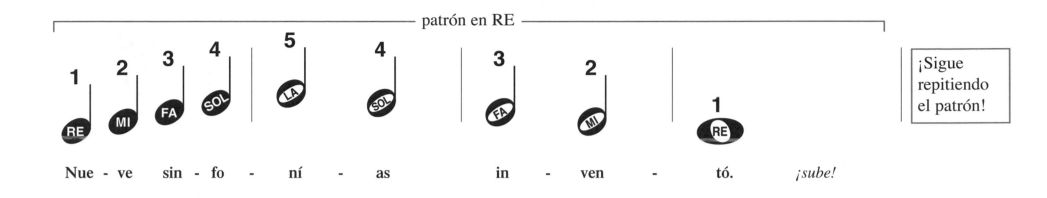

patrón en RE

1 RE   2 MI   3 FA   4 SOL   5 LA   4 SOL   3 FA   2 MI   1 RE

¡Sigue repitiendo el patrón!

Nue - ve   sin - fo - ní - as   in - ven - tó.   *¡sube!*

M.D. empieza en MI   **M.D. empieza en FA**

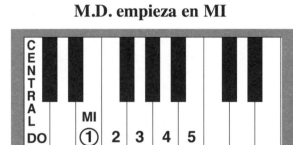

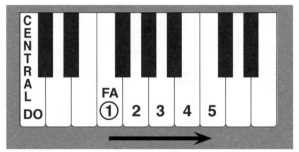

→ **Sigue SUBIENDO por el teclado, empezando el patrón en SOL, LA, SI y DO.**

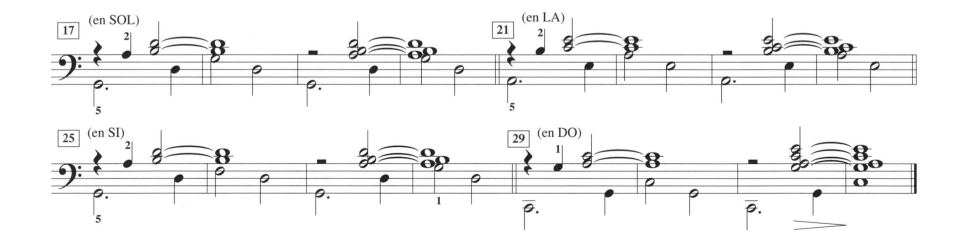

Este ejercicio usa los 5 dedos en un **patrón musical** que
BAJA por el teclado.

1. Empieza en la PARTE CENTRAL del piano, con el **pulgar de
   la mano izquierda en el DO Central**.

2. Empieza y termina cada patrón con el pulgar sobre el *lado de la uña*.

Caminando con Beethoven
(para la M.I.)

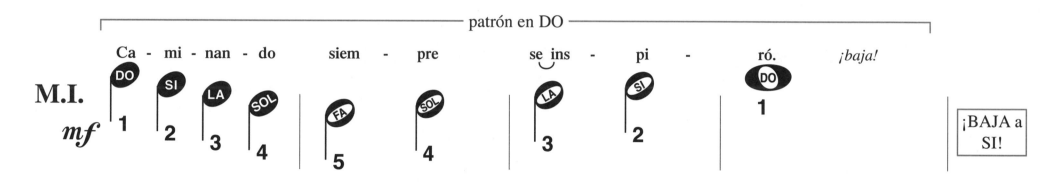

Acompañamiento para el profesor:

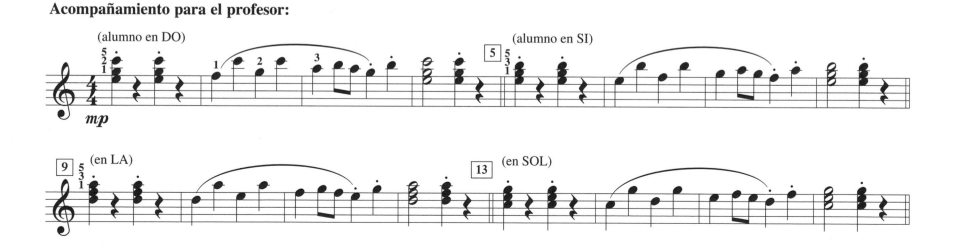

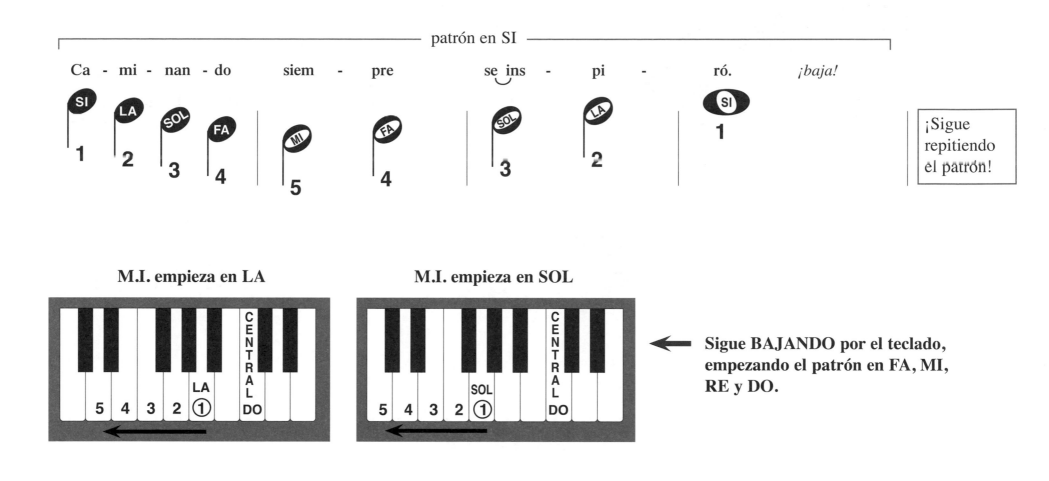

M.I. empieza en LA

M.I. empieza en SOL

Sigue **BAJANDO** por el teclado, empezando el patrón en **FA, MI, RE y DO.**

17 (en FA) 21 (en MI)

25 (en RE) 29 (en DO)

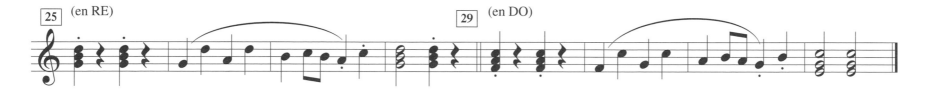

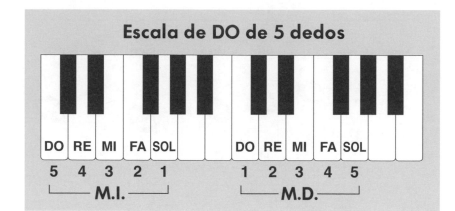

Escala de DO de 5 dedos

El trencito

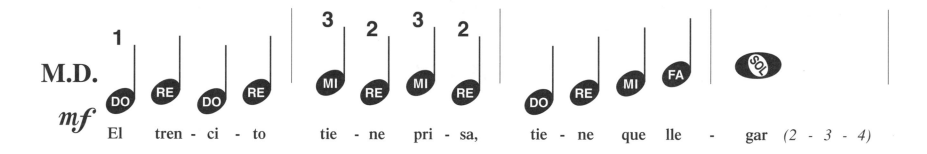

M.D.

mf · **1** DO · RE · DO · RE · **3** MI · **2** RE · **3** MI · **2** RE · DO · RE · MI · FA · **SOL**

El · tren - ci - to · tie - ne · pri - sa, · tie - ne · que · lle - gar *(2 - 3 - 4)*

Acompañamiento para el profesor (el alumno toca en el *registro agudo*):

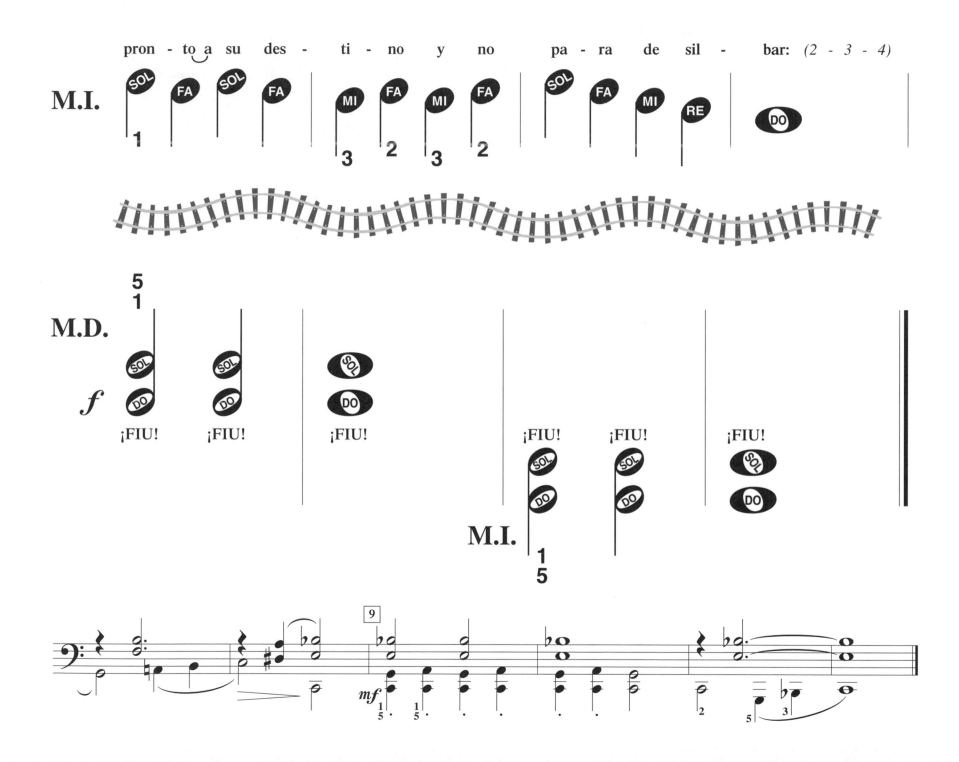

Mi gatito

Lecciones y teoría, página 31 (Alouette/Alondrita)

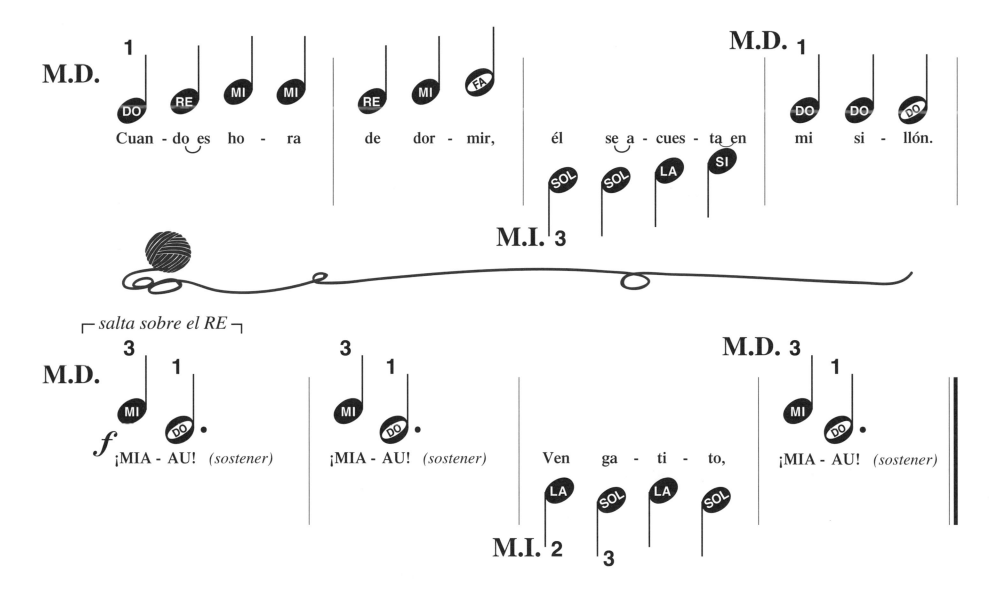

M.D.

DO	RE	MI	MI	RE	MI	FA
Cuan - do es ho - ra				de dor - mir,		

él se a - cues - ta en

M.I. 3 SOL SOL LA SI

M.D. 1 DO DO DO

mi si - llón.

⌐ *salta sobre el RE* ¬

M.D. **3** MI **1** DO .

𝆑 ¡MIA - AU! *(sostener)*

3 MI **1** DO .

¡MIA - AU! *(sostener)*

Ven ga - ti - to,

M.I. 2 LA **3** SOL LA SOL

M.D. 3 MI **1** DO .

¡MIA - AU! *(sostener)*

DESCUBRIMIENTO

¿Puedes escuchar la diferencia entre *mf* y 𝆑 al tocar esta pieza?

4

UNIDAD

Secreto técnico:
La posición redonda de la mano (página 6)

Calentamiento: *Levanta el techo* con la **M.D.**

Timbre de bicicleta
(para la M.D.)

Tu profesor te mostrará cómo tocar los siguientes ejercicios.
• ¿Puedes saltar al siguiente DO de una forma suave y ágil?

Rápido

¿1 en?

¡prepárate!

M.D.

f Tim - bro,   tim - bro, p ¡dé - jen - me pa - sar!

Tócalo 3 VECES, cada vez en un DO MÁS ALTO.

El autobús

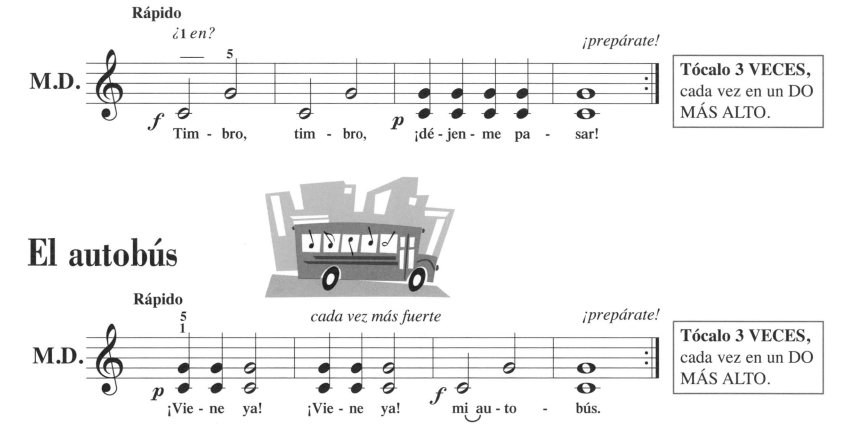

Rápido

cada vez más fuerte   *¡prepárate!*

M.D.

p ¡Vie - ne ya!   ¡Vie - ne ya! f mi au - to - bús.

Tócalo 3 VECES, cada vez en un DO MÁS ALTO.

Tu profesor te mostrará cómo tocar los siguientes ejercicios.

- ¿Puedes saltar al siguiente DO de una forma suave y ágil?

Mi robot habla
(para la M.I.)

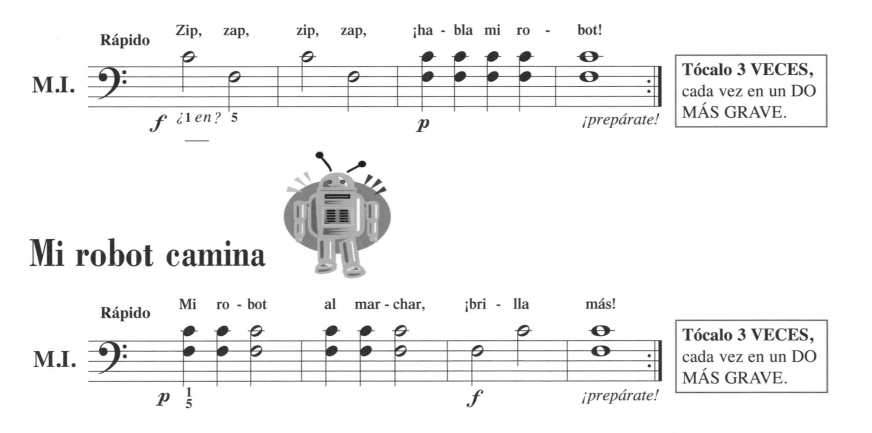

Rápido

Zip, zap, zip, zap, ¡ha - bla mi ro - bot!

M.I. 𝄢

f ¿1 en? 5 p ¡prepárate!

> **Tócalo 3 VECES,** cada vez en un DO MÁS GRAVE.

Mi robot camina

Rápido

Mi ro - bot al mar - char, ¡bri - lla más!

M.I. 𝄢

p 1 5 f ¡prepárate!

> **Tócalo 3 VECES,** cada vez en un DO MÁS GRAVE.

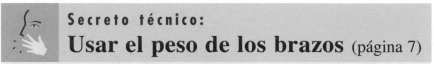

Secreto técnico:

Usar el peso de los brazos (página 7)

Calentamiento: *Brazos de gorila* con ambas manos.

- Pon los pulgares de ambas manos detrás de los dedos 3 como soporte. Deja caer el **peso del brazo** sobre el primer tiempo de cada compás.

El baterista

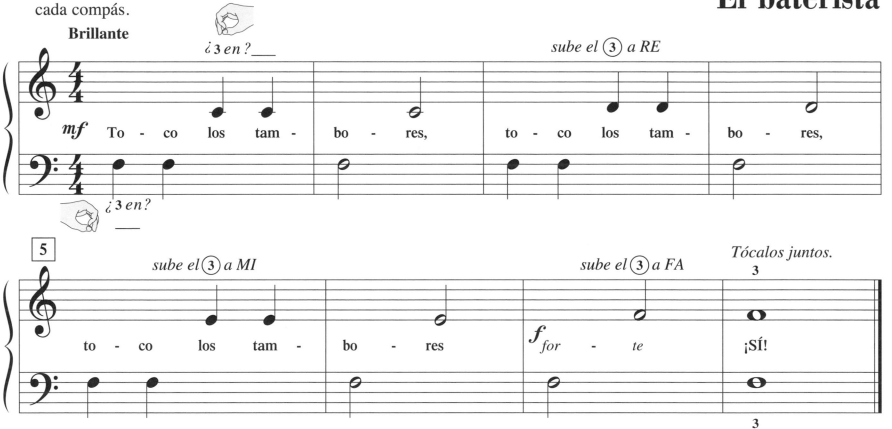

Acompañamiento para el profesor (el alumno toca *1 octava más alto*):

Lecciones y teoría, página 48 (Tocando con la banda)

Este estudio está basado en un patrón musical que SUBE "saltando" por el teclado.

Al subir, el patrón cambia de f a p .

1. Toca todo el ejercicio en p para concentrarte en los "saltos".

2. Luego, tócalo de nuevo y cambia de f a p en cada patrón.

Pista: toca con los dedos firmes, *cerca del teclado*.

Las ranitas saltarinas
(para la M.D.)

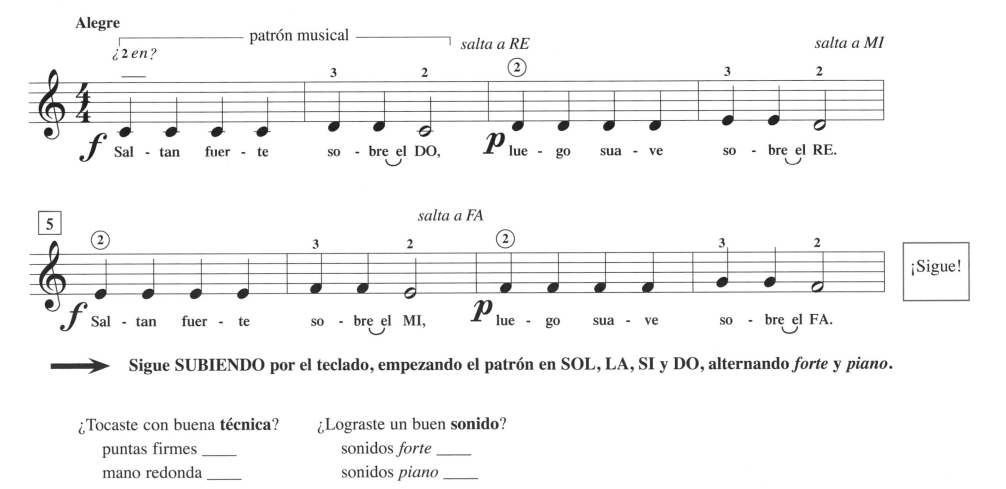

Sigue SUBIENDO por el teclado, empezando el patrón en SOL, LA, SI y DO, alternando *forte* y *piano*.

¿Tocaste con buena **técnica**?   ¿Lograste un buen **sonido**?

 puntas firmes ____   sonidos *forte* ____

 mano redonda ____   sonidos *piano* ____

Lecciones y teoría, página 50 (La ranita)

Tema con variaciones

Ferdinand Beyer
(1803–1863, Alemania)
Op. 101

TEMA

VARIACIÓN 1

VARIACIÓN 2

Alegre   • Encierra en círculos todas las **notas repetidas** en esta variación.

1

f DO Re Mi Mi | RE Mi Fa Fa | MI Re Do Do | RE

2

Re Mi FA Fa | MI Re Do Do | RE Re Mi Re | DO Sol Do

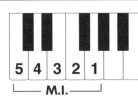

DESCUBRIMIENTO ¿Puedes tocar *Tema con variaciones* usando **solo la M.I.**, en la escala de DO de 5 dedos?

5 4 3 2 1

M.I.

Acompañamiento para el profesor (el alumno toca *1 octava más alto*):

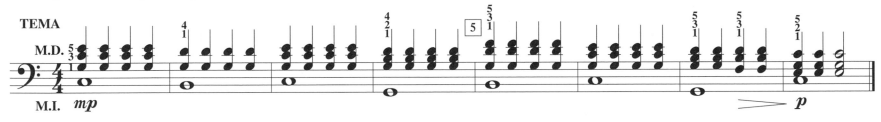

TEMA

M.D.

M.I.   *mp*   *p*

VARIACIÓN 1 y 2

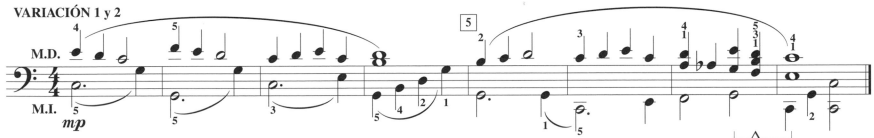

M.D.

mp

M.I.

UNIDAD 6

Secreto técnico:
La posición correcta del pulgar (página 7)

Calentamiento: *Recuesta el pulgar* con la **M.I.**

Llegó el carnaval
(para la M.I.)

1. Observa que cada patrón comienza y termina con el pulgar.

2. Una vez aprendido el ejercicio, tócalo con los ojos cerrados.

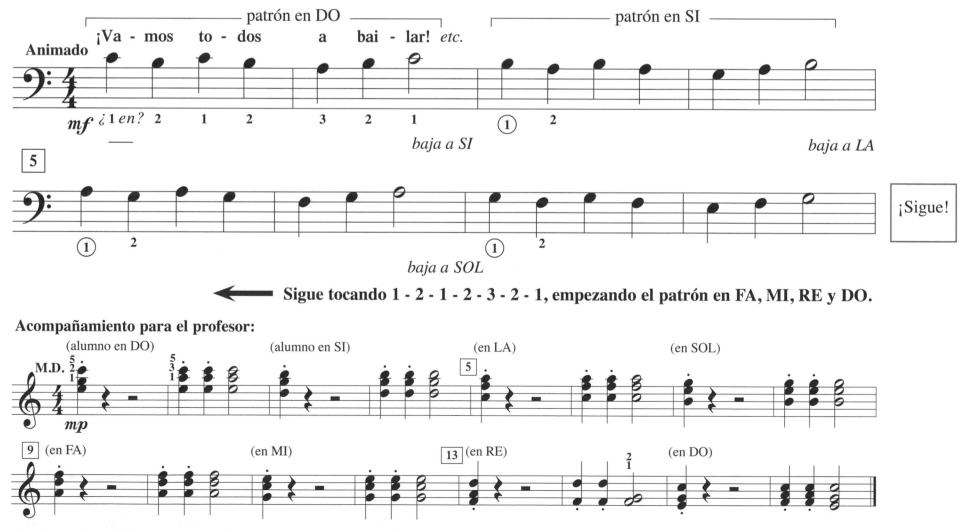

Sigue tocando 1 - 2 - 1 - 2 - 3 - 2 - 1, empezando el patrón en **FA, MI, RE y DO.**

Acompañamiento para el profesor:

Lecciones y teoría, página 56 (Carnaval)

En este estudio debes cambiar de posición con una mano mientras sigues tocando con la otra.

1. Encuentra la posición inicial y practica *en silencio* los cambios de posición.

2. Toca len-ta-men-te, preparando la **M.D.** con anticipación. Practica cada vez más rápido hasta que alcances una buena velocidad.

Las ardillas juguetonas

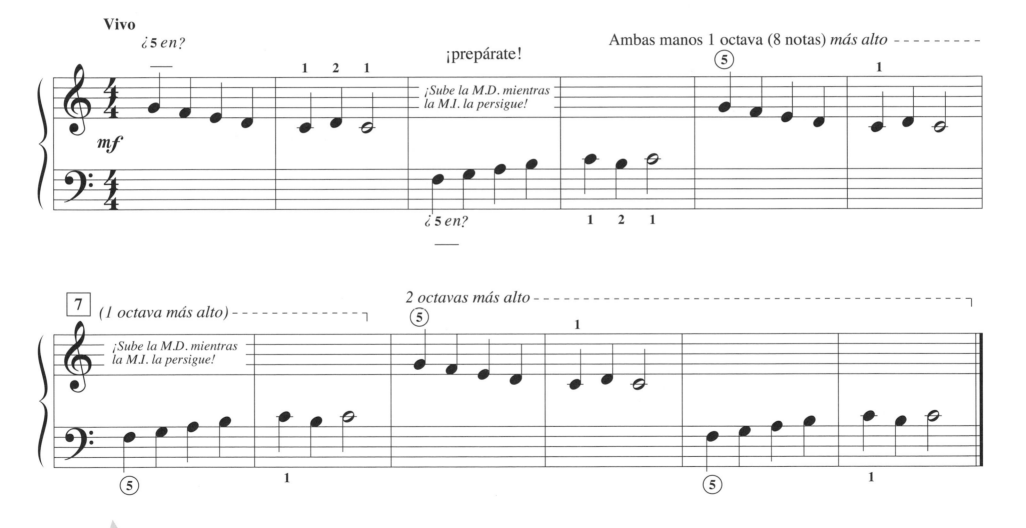

¿Te **preparaste** bien para los cambios de posición?

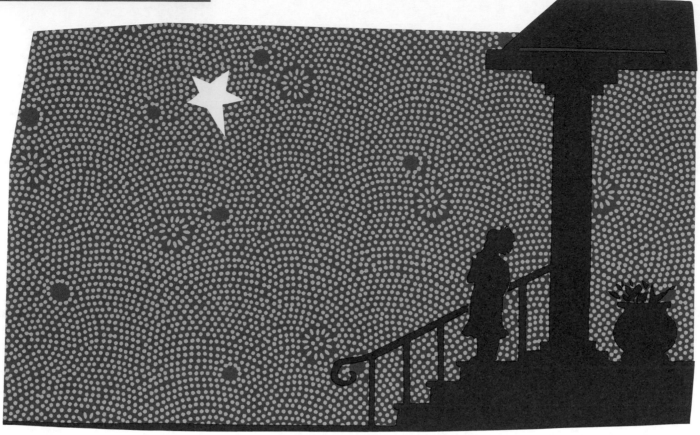

Estrellita (*Twinkle, Twinkle Little Star*)

Tradicional

• Encierra en círculos todas las **notas repetidas**.

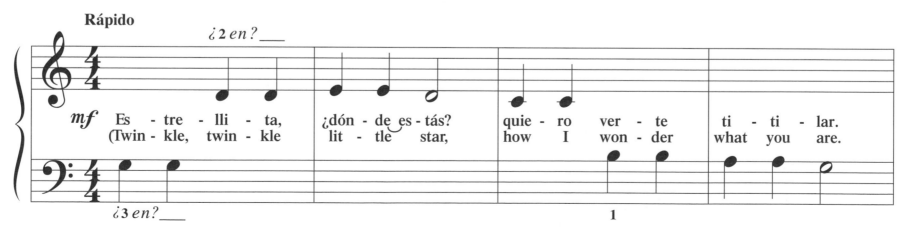

Lecciones y teoría, páginas 58-59 (¡Ven a ver el desfile!)

Opcional: para tocar sin acompañamiento, toca una octava (8 notas) más alto desde el *compás 7* hasta el final. Tu profesor te mostrará cómo.

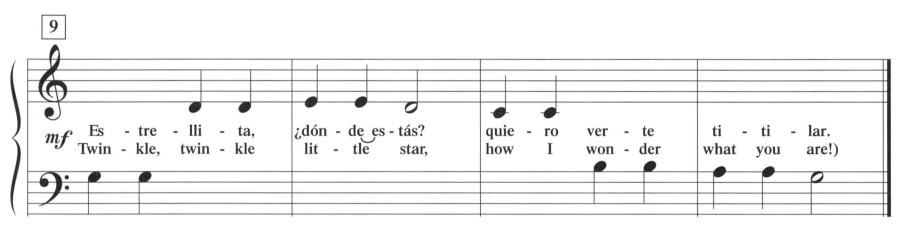

DESCUBRIMIENTO

¿Dónde hay un eco en esta pieza? Muéstrale a tu profesor.

Acompañamiento para el profesor:

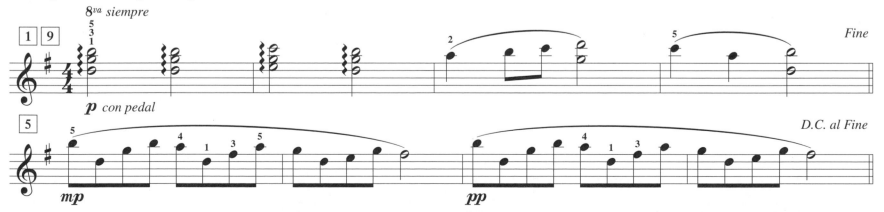

Secreto técnico:

La posición redonda de la mano (página 6)

Calentamiento: *Levanta el techo* con la **M.D.**

Bebé elefante
(para la M.D.)

1. Observa que este patrón de 2 compases da **saltos** y luego **pasos**.

2. Una vez aprendido el ejercicio, tócalo con los ojos cerrados. Recuerda tocar con el *lado de la uña* del pulgar.

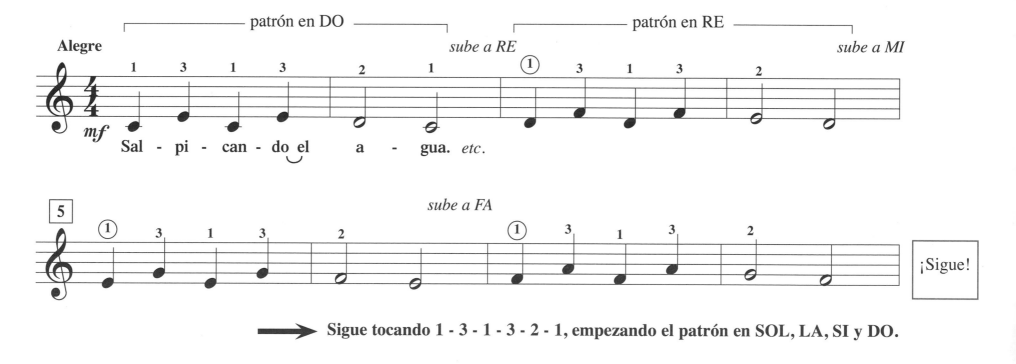

Sigue tocando 1 - 3 - 1 - 3 - 2 - 1, empezando el patrón en SOL, LA, SI y DO.

DESCUBRIMIENTO

Repite el ejercicio con la siguiente digitación: **2 - 4 - 2 - 4 - 3 - 2**.

1. Ahora practica el mismo patrón con la mano izquierda.

2. Una vez aprendido el ejercicio, tócalo con los ojos cerrados.
   Recuerda tocar con el *lado de la uña* del pulgar.

Mamá elefante
(para la M.I.)

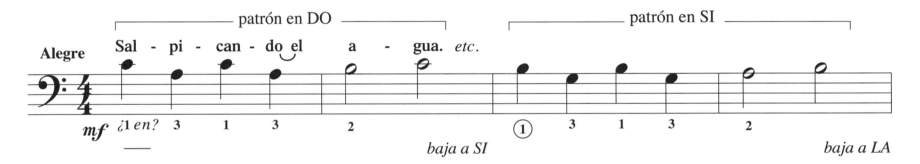

patrón en DO

patrón en SI

Alegre

Sal - pi - can - do el   a - gua. *etc*.

mf ¿1 en? 3   1   3   2

① 3   1   3   2

baja a SI

baja a LA

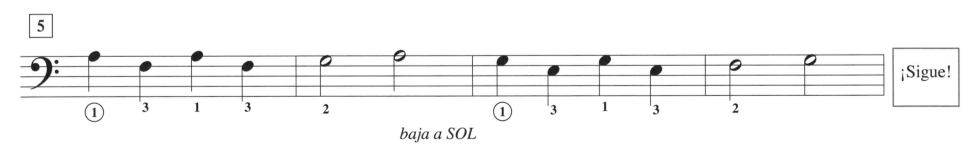

5

¡Sigue!

①   3   1   3   2   ①   3   1   3   2

baja a SOL

⬅ **Sigue tocando 1 - 3 - 1 - 3 - 2 - 1, empezando el patrón en FA, MI, RE y DO.**

DESCUBRIMIENTO

Repite el ejercicio con la siguiente digitación: **2 - 4 - 2 - 4 - 3 - 2**.

📖 Lecciones y teoría, página 64 (El elefante gris)

Un buen pianista no duda entre un compás y otro.

Practica los *compases 5–8* con fluidez, sin parar en las barras de compás.

Preguntas para cuando practicas:

1. ¿Estás haciendo los matices de *forte*, *mezzo forte* y *piano*? ___

2. ¿Estás tocando con fluidez entre un compás y otro? ___

Opcional: mantén el pedal derecho (de resonancia) presionado durante toda la pieza.

Ruedan las ruedas

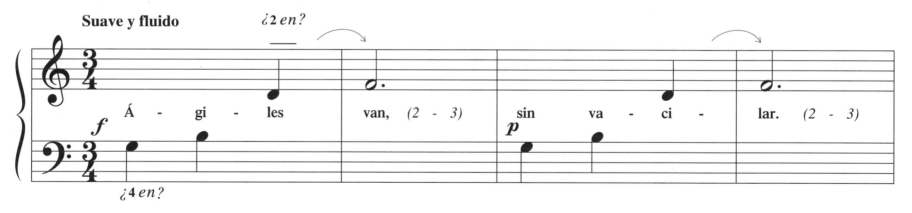

Acompañamiento para el profesor (el alumno toca *1 octava más alto*):

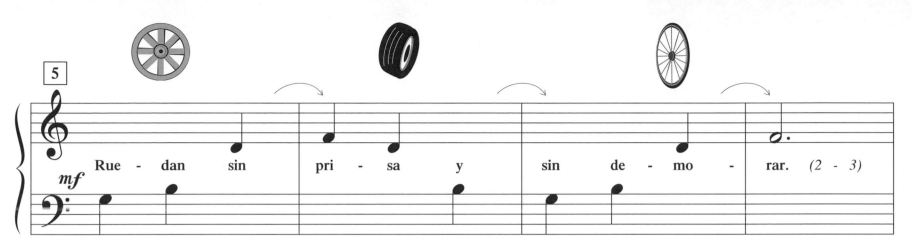

5

Rue - dan sin pri - sa y sin de - mo - rar. *(2 - 3)*

mf

9

Á - gi - les van, *(2 - 3)* sin va - ci - lar. *(2 - 3)*

f *p*

13

Levanta las manos suavemente y ponlas sobre las piernas.

No pa - ran has - ta lle - gar. *(2 - 3)*

mf

$\frac{4}{2}$

$\frac{2}{4}$

1. **2.**

$\frac{5}{2}$

4

5

Tengo una muñeca
o Dos y dos son cuatro

Tradicional

¡Tú escoges!

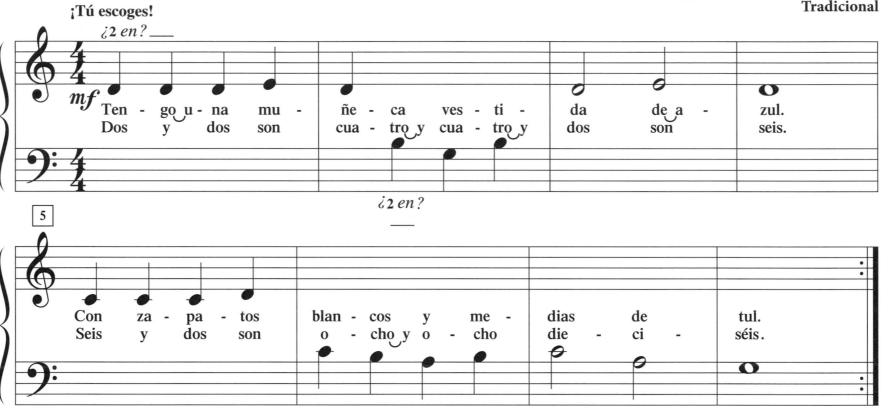

¿2 en? ___

mf

Ten - go u - na mu - | ñe - ca ves - ti - | da de a - | zul.
Dos y dos son | cua - tro y cua - tro y | dos son | seis.

¿2 en? ___

5

Con za - pa - tos | blan - cos y me - | dias de | tul.
Seis y dos son | o - cho y o - cho | die - ci - | séis.

Acompañamiento para el profesor (el alumno toca *1 octava más alto*):

M.D.

M.I.

mp

1. **2.**

Lecciones y teoría, página 66 (Yankee Doodle)

El riachuelo alegre

Mauro Giuliani
(1781-1829, Italia)

Repite *suavemente.*

Toca la primera línea una vez más
para terminar la pieza.

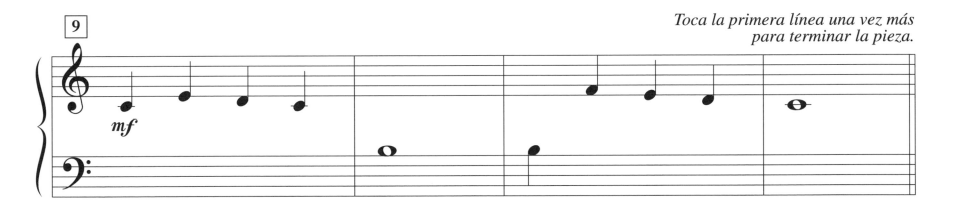

Acompañamiento para el profesor (el alumno toca *1 octava más alto*):

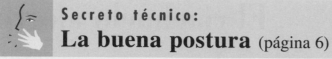

1. *Memoriza* este patrón de saltos.

2. Fíjate en cada mano para asegurarte de mantener una posición redonda.

Un gatito en las teclas

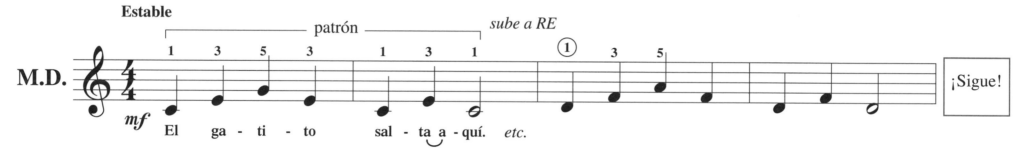

Estable

patrón — *sube a RE*

1 3 5 3 1 3 1 ① 3 5

M.D.

mf

El ga — ti — to   sal — ta a - quí. *etc.*

¡Sigue!

➡ **Sigue SUBIENDO por el teclado, empezando el patrón en MI, FA, SOL, LA, SI y DO.**

Estable

El ga — ti — to   sal — ta a - quí. *etc.*

M.I.

mf

1 3 5 3 1 3 1 ① 3 5

patrón — *baja a SI*

¡Sigue!

⬅ **Sigue BAJANDO por el teclado, empezando el patrón en LA, SOL, FA, MI, RE y DO.**

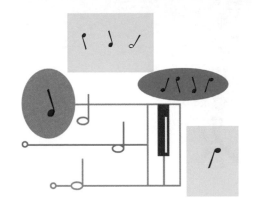

El estudio del Sr. Köhler

Louis Köhler
(1820-1886, Alemania)
Op. 300

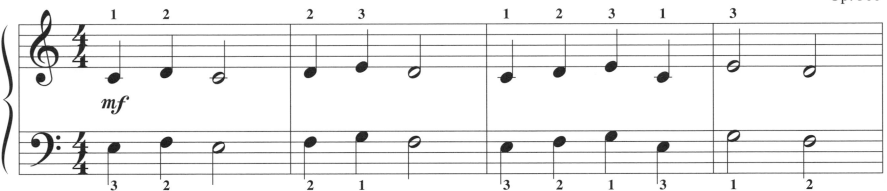

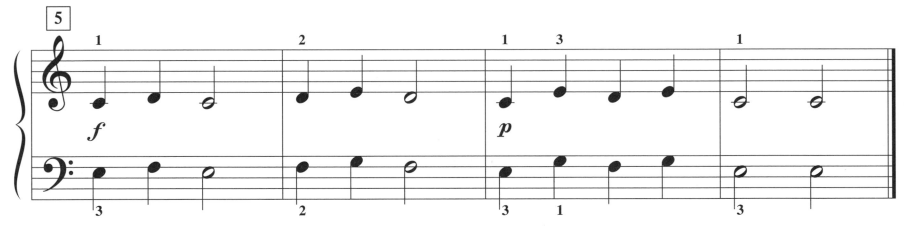

Acompañamiento para el profesor (el alumno toca *2 octavas más alto*):

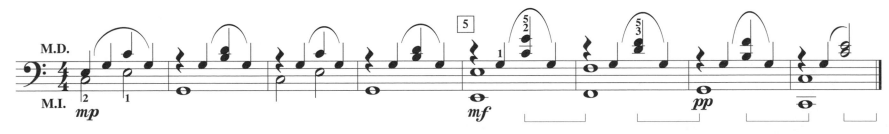

📖 Lecciones y teoría, página 72 (¿Qué compro?)

Cabalgando

Escala de _____ de 5 dedos

Galopante

¿1 en?

mf Rá - pi - do, rá - pi - do, ¡co - rre ca - ba - llo! muy

(prepara la M.I.)

 rá - pi - do, rá - pi - do al ga - lo - par.

Acompañamiento para el profesor (el alumno toca *1 octava más alto*):

M.D.

M.I. mp

9

So - pla el vien - to en mi ca - ra por - que voy muy

¿5 en?   3   1

13 ——

cruza la M.I.
②

rá - pi - do,   rá - pi - do,   ¡voy a lle - gar!

cada vez más fuerte   *f*

DESCUBRIMIENTO Encierra en un círculo el **signo de compás**. Marca el ritmo sobre la tapa del piano y cuenta en voz alta: "1 - 2 - 3". ¡Asegúrate de marcar con la mano correcta!

Secreto técnico:
Intenta ser el profesor

¿Puedes nombrar y mostrarle a tu profesor 3 de los
5 "secretos técnicos"? (páginas 6-7)

1. _____

2. _____

3. _____

Paseo en bicicleta

Enérgico

sube a RE

patrón

M.D.

mf ¡Pa - se - an - do en bi ——— ci voy! *etc.*

¡Sigue!

➡ **Sigue SUBIENDO por el teclado, empezando el patrón en MI, FA, SOL, LA, SI y DO.**

Enérgico

¡Pa - se - an - do en bi ——— ci voy! *etc.*

M.I.

mf

patrón

¡Sigue!

baja a SI

⬅ **Sigue BAJANDO por el teclado, empezando el patrón en LA, SOL, FA, MI, RE y DO.**

DESCUBRIMIENTO

Toca *Paseo en bicicleta* con los **dedos 2-3-4**.

Un buen pianista puede tocar *forte* con una mano y *piano* con la otra.

1. Antes de tocar, di el nombre de cada uno de los **matices** en esta pieza.

2. Toca y escucha con atención los matices de *forte*, *mezzo forte* y *piano*.

- Toca los compases 1-4 con el dedo 3 de la **M.D.** apoyado por el pulgar.

- Abre la mano para tocar los compases 5-8.

Un atardecer tranquilo

Presiona el pedal derecho (de resonancia) durante toda la pieza.

Acompañamiento para el profesor (el alumno toca *1 octava más alto*):

Lecciones y teoría, página 79 (Las campanas del reloj)   47

Presta atención:
Encierra en círculos cada uno
de los **saltos** en esta pieza.
Pista: son 8.

Toque de trompetas

Escala de _____ de 5 dedos

Jeremiah Clarke
(1673–1707, Inglaterra)
adaptación

Marcha solemne

¿5 en? ___

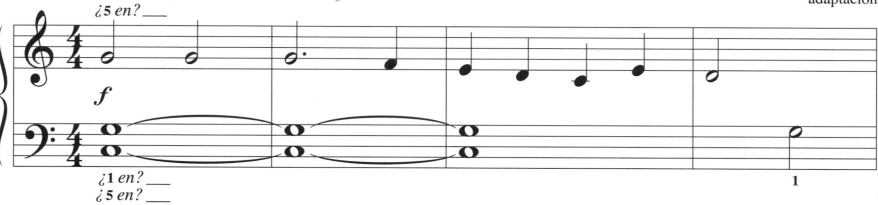

f

¿1 en? ___
¿5 en? ___

1

5

3

Acompañamiento para el profesor (el alumno toca *2 octavas más alto*):

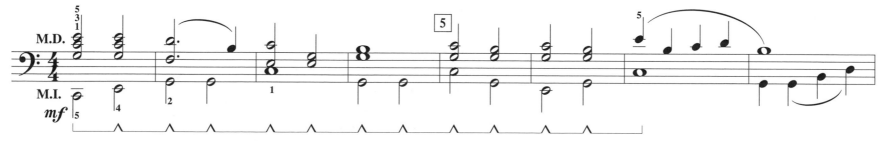

M.D.

5
3
1

5

5

M.I.

mf
5

4

2

1

Lecciones y teoría, página 79 (Las campanas del reloj)

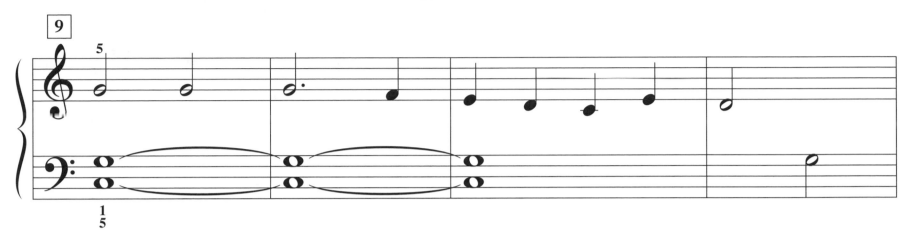

DESCUBRIMIENTO ¿Puedes marcar el **primer tiempo de cada compás** mientras tu profesor toca la pieza?
Pista: cuenta "**1** - 2 - 3 - 4" en voz alta para sentir mejor el ritmo.

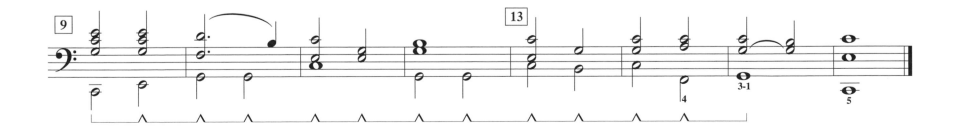

10
UNIDAD

Secreto técnico:
Intenta ser el profesor

¿Puedes nombrar y mostrarle a tu profesor los
5 "secretos técnicos"? (páginas 6-7)

1. _____

2. _____

3. _____

4. _____

5. _____

Juego de palmas

Música: Nancy Faber
Letra: rima tradicional

Moderado

¿1 en?

f - p al repetir

La va - ca le - che - ra, *(silencio)* le di - jo al le - che - ro:

5

Repite piano.

"¡Pá - ga - me la ren - ta, *(silencio)* de es - te mes de e - ne - ro!"

¿1 en?

Lecciones y teoría, página 83 (¿Princesa o monstruo?)

- El Tai Chi es una actividad de movimientos suaves que ayuda a desarrollar la flexibilidad y el equilibrio.

- Toca este estudio lentamente, manteniendo las manos relajadas y las puntas de los dedos firmes.

- Observa que la **M.I.** cambia de posición en el *compás 5*.

Tai Chi en la mañana

Con fluidez y delicadeza

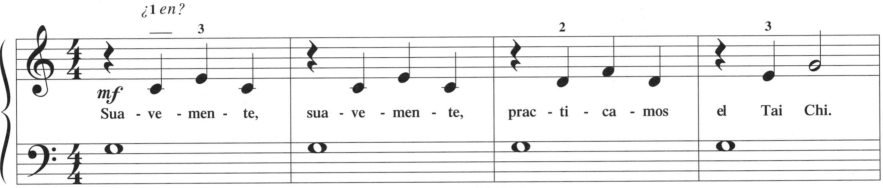

¿3 en? ___ *Siente cómo mantienes el equilibrio sobre el dedo 3.*

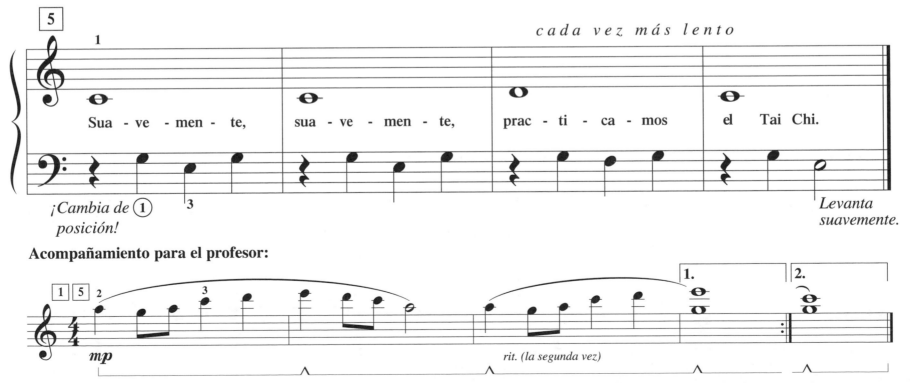

cada vez más lento

¡Cambia de ① posición!

Levanta suavemente.

Acompañamiento para el profesor:

rit. (la segunda vez)

Lluvia, ¡vete ya!

Escala de _____ de 5 dedos

Moderadamente rápido

Acompañamiento para el profesor (el alumno toca *1 octava más alto*):

Lecciones y teoría, páginas 84-85 (Suenan las cornetas)

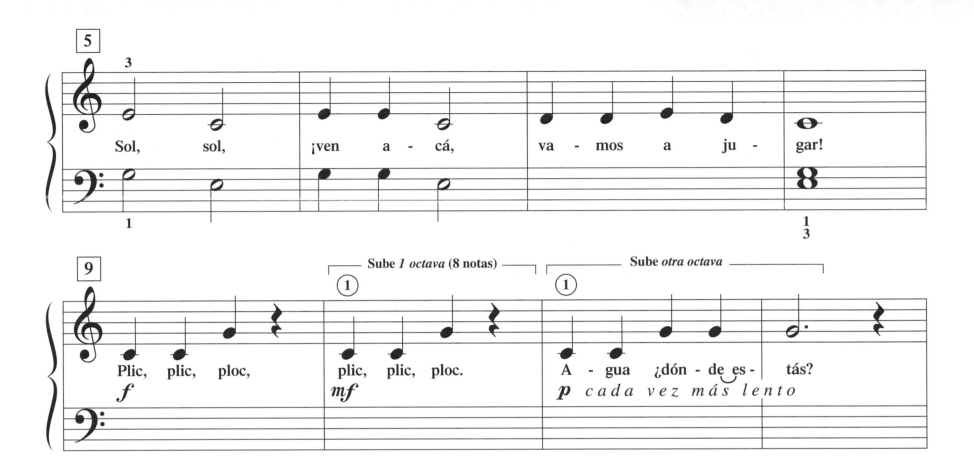

5

Sol, sol, ¡ven a - cá, va - mos a ju - gar!

9

Sube *1 octava* (8 notas)   Sube *otra octava*

Plic, plic, ploc, plic, plic, ploc. A - gua ¿dón - de es - tás?

f *mf* *p cada vez más lento*

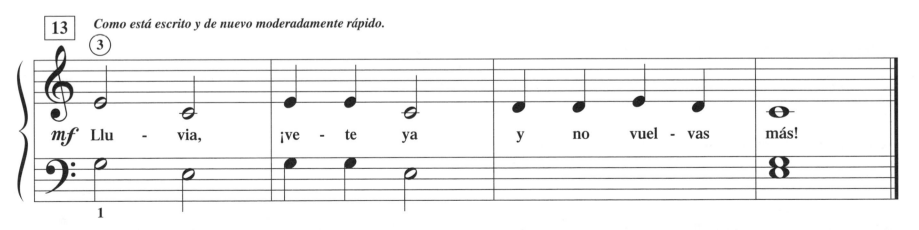

13 *Como está escrito y de nuevo moderadamente rápido.*

mf Llu - via, ¡ve - te ya y no vuel - vas más!

DESCUBRIMIENTO

Encierra en círculos los tres **silencios de negra** que aparecen en esta pieza.

Gran celebración

Ferdinand Beyer
(1803-1863, Alemania)
Op. 101, No. 9

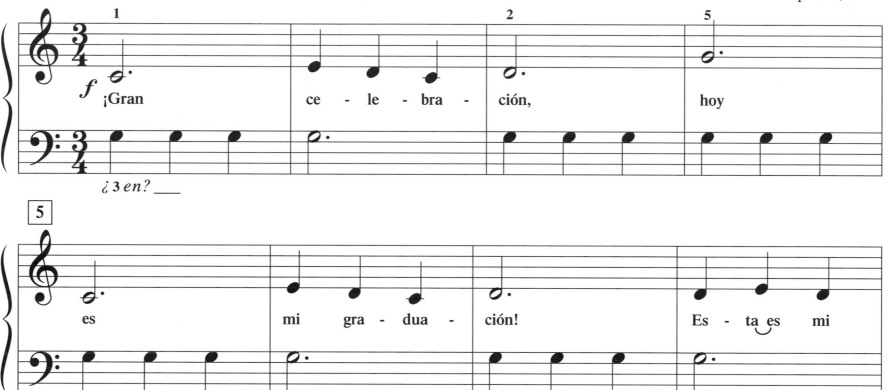

¡Gran ce - le - bra - ción, hoy es mi gra - dua - ción! Es - ta es mi

¿3 en? ___

Acompañamiento para el profesor (el alumno toca *1 octava más alto*):

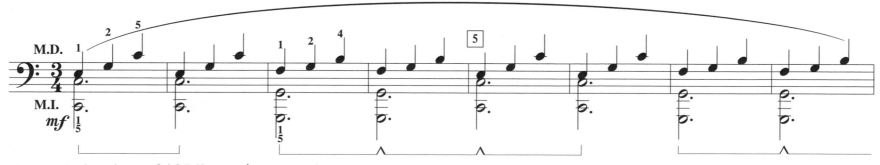

Lecciones y teoría, páginas 84-85 (Suenan las cornetas)

gran ce - le - bra - ción y

ya to - co mi gran can - ción.

cada vez más lento

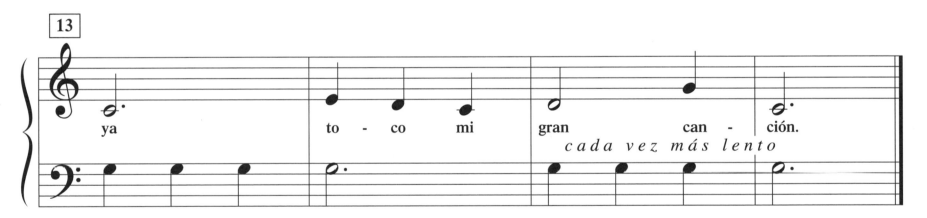

rit.

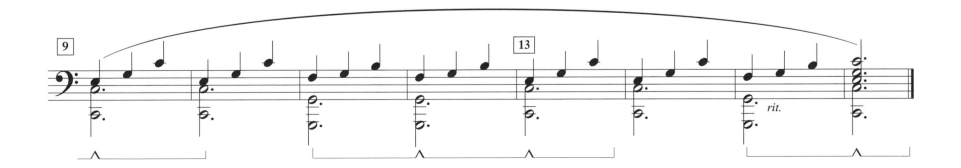

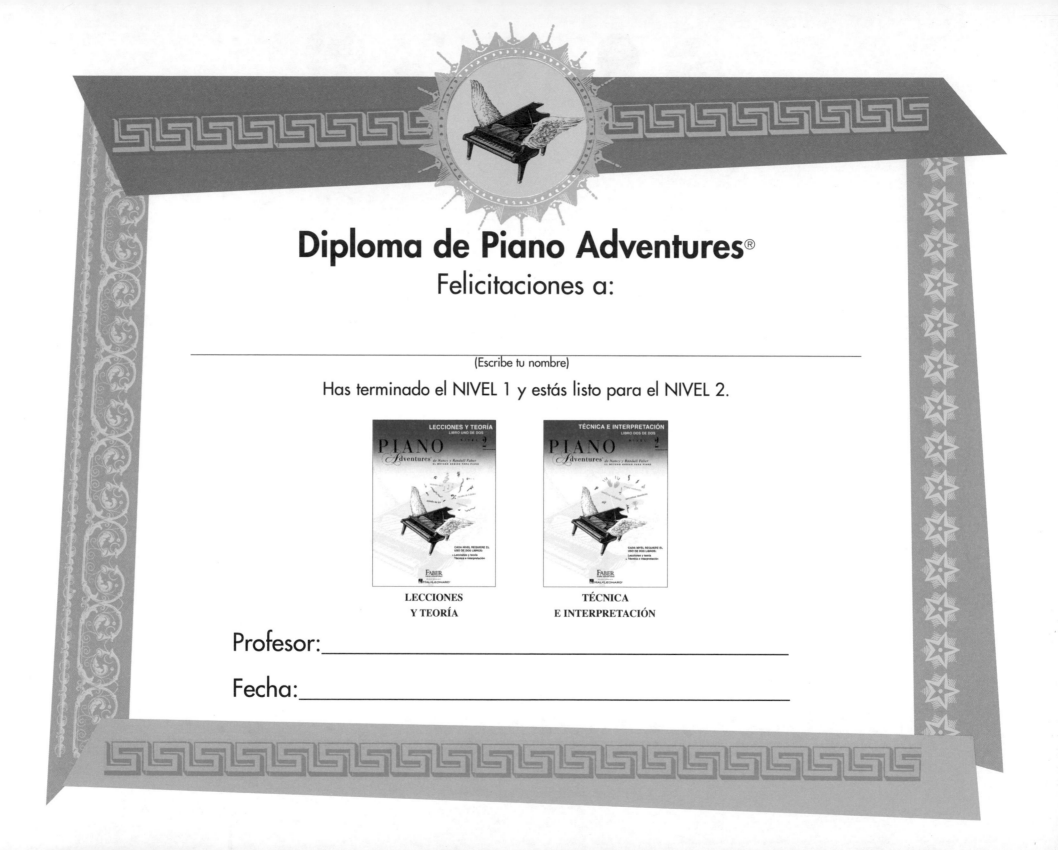

Diploma de Piano Adventures®
Felicitaciones a:

_____

(Escribe tu nombre)

Has terminado el NIVEL 1 y estás listo para el NIVEL 2.

**LECCIONES
Y TEORÍA**

**TÉCNICA
E INTERPRETACIÓN**

Profesor:_____

Fecha:_____